L'ARBITRE,

OU

LES CONSULTATIONS

DE L'AN SEPT,

COMÉDIE EN UN ACTE, EN PROSE,

MÉLÉE DE VAUDEVILLES,

Par les CC. DEJOUŸ et LONGCHAMPS.

Représentée, pour la première fois, sur le Théâtre du Vaudeville, le 26 Pluviôse an 7.

Prix 1 Franc 50 centim. avec des Airs noté.

A PARIS,

Chez le Libraire au Théâtre du Vaudeville, rue de Malthe ;
Et à son Imprimerie rue des Droits-de-l'Homme, N°. 44.

An VII.

Les Exemplaires ont été fournis à la Bibliothèque nationale.

PERSONNAGES.	ARTISTES. CC. et Cnes.
ARMAND, Juge-de-paix	*Vertpré.*
EDOUARD, fils d'Armand.	*Henry.*
ERNESTINE.	*f. Henry.*
DUJARDIN, père d'Ernestine.	*Chapelle.*

Personnages épisodiques.

UN MÉDECIN.	*Rosières.*
UN FOURNISSEUR.	*Hypolite.*
UN AUTEUR DRAMATIQUE.	*Julien.*
BIZARINI, homme à projets, Italien.	*Carpentier.*
VALERE, vieillard.	*Lenoble.*
CELIANTE.	*Blosseville.*
SIMPLET, peintre.	*Stenet.*
JACTANT, entrepreneur de jeu.	*Albert.*

La Scène est chez Armand, Juge-de-paix, dans la Salle d'audience.

L'ARBITRE,

OU

LES CONSULTATIONS

DE L'AN SEPT,

COMÉDIE.

SCENE PREMIERE.

EDOUARD, ERNESTINE.

EDOUARD.

Il me semble, ma petite cousine, que tu ne partages que bien faiblement mes transports; tout nous rit, le plus heureux avenir est devant nous, et tu soupires encore : c'est vraiment cruel.

ERNESTINE.

Avez-vous oublié ce que vous devez demander ce matin à votre père ?

EDOUARD.

Et c'est justement le sujet de ma joie : je m'en suis occupé toute la nuit, et j'ai trouvé de si bonnes raisons à lui donner ; j'ai si bien combattu les siennes ; je lui ai si bien fait voir dans notre union le gage certain de notre bonheur et du sien, que je n'ai plus le moindre doute sur la réponse qu'il va nous faire.

A 2

ERNESTINE.

J'admire votre sécurité, mon cousin, mais je ne la partage pas. Si près du moment qui va décider de notre sort, comment ne pas se livrer à la crainte?

EDOUARD.

A l'espoir, il faut dire.

ERNESTINE.

AIR: *Il faut des époux assortis.*

Dans le miroir de l'avenir,
Ou voit d'après son caractère;
L'un voit ce qu'il craint de souffrir,
Et l'autre voit ce qu'il espère.
De tout temps mon cœur au plaisir
Ne s'ouvrit qu'avec défiance,
Et l'excès même du desir
En bannit toujours l'espérance.

EDOUARD.

Mauvais calcul, ma cousine, mauvais calcul.

ERNESTINE.

C'est cependant celui de la prudence.

EDOUARD.

Elle ne sait ce qu'elle dit en fait de bonheur.

Même air.

Je laisse dire le censeur
Dont la triste raison m'ennuie;
Quand la folie est un bonheur,
La sagesse est une folie:
Dans l'avenir trop incertain,
Si je veux pénétrer d'avance,
J'ouvre le livre du destin,
Au chapitre de l'espérance.

Au fait; peut-on avoir plus de raisons de se réjouir? Je te revois, après deux ans d'absence, plus belle, plus aimable, plus aimée que jamais; tu m'assures que je te

suis cher encore ; mon père n'a plus de prétexte pour
éloigner notre mariage : ma foi, mademoiselle, si l'on
n'est pas ivre de joie avec tout cela, il faut avoir un
grand fonds de tristesse.

ERNESTINE.

Ou de tendresse.

EDOUARD.

Ah! ça , comment se fait-il donc que la même cause
produise chez nous des effets tout opposés ; car c'est bien
de l'amour que nous éprouvons tous les deux ; mais le
tien est silencieux, réservé ; le mien, au contraire, a
besoin de se répandre.

ERNESTINE.

C'est peut-être que les femmes savent mieux le sentir,
et les hommes mieux l'exprimer. Il y a , je crois, deux
sortes d'amours.

AIR : *De l'Opéra-Comique.*

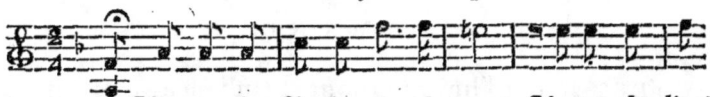

L'un est le fils du sen-ti-ment, L'autre de l'or-

gueil tient son ê-tre ; L'un veut ê--tre heureux en ai-

mant; L'autre veut sur-tout le pa-raî---tre ; L'un est bruy-

ant , au-da-ci-eux, Et l'au-tre du bruit s'ef-fa-rou-che;

L'un a le bandeau sur les yeux, L'au-tre le por-te sur

A 3

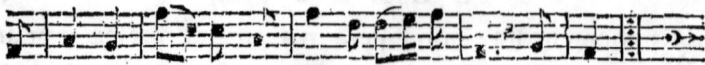

la bou-che, L'au-tre le por-te sur la bou - - - che.

ÉDOUARD.

Il y en a bien certainement un troisième tout-à-la-fois ardent et timide, expansif et discret; c'est le mien....

ERNESTINE, *l'interrompant avec l'air de l'inquiétude.*

Où devons-nous aller trouver mon oncle?

ÉDOUARD.

Il doit venir nous joindre ici même; il ne tardera pas.

ERNESTINE.

Le voici.

SCÈNE II.

EDOUARD, ERNESTINE, ARMAND.

ARMAND.

C'EST aujourd'hui mon jour d'audience, mes enfáns; il est bien juste que vous passiez les premiers. Voyons, de quoi s'agit-il? Je ferai en sorte que vous soyez contens de moi.

EDOUARD, ERNESTINE.

AIR : *Va, je t'en donne l'assurance,* (de Claudine.)

Tout nous en donne l'assurance,
Et vos bontés sont nos garans;
On sait que de votre audience
Tous les plaideurs sortent contens.

ARMAND.

Me consultez-vous comme père,
Ou comme juge en ce moment?
Quelquefois le juge est sévère,
Le père est toujours indulgent.

EDOUARD.

Nous venons vous demander une grace.

ARMAND.

C'est au père que cela s'adresse.

EDOUARD.

Vous savez bien qu'il y a deux ans, lorsque je vous demandai la main de ma cousine, vous me fîtes deux objections; notre jeunesse et le peu de fond qu'il y avait à faire, disiez-vous, sur un amour dont rien ne vous garantissait la durée. Vous me prescrivîtes une absence de deux ans. Cette longue épreuve est subie; me voilà de retour, plus amoureux, plus aimé qu'à mon départ, et vous ne pouvez plus refuser de consentir à notre union.

ARMAND.

Je vous le dis à regret; mais avant trois ans, c'est impossible.

ERNESTINE, EDOUARD.

Trois ans!

ARMAND.

Oui, ma chère Ernestine, trois ans.

EDOUARD.

Mais j'en ai vingt-quatre, elle en a dix-huit; faut-il que nous en ayons soixante!

ARMAND.

Il faut qu'elle en ait vingt-un.

EDOUARD, *avec humeur.*

Quel plaisir trouvez-vous, mon père, à prolonger notre supplice?

ARMAND.

Ernestine est plus juste, et je suis sûr qu'elle ne me soupçonne pas d'éloigner, sans de fortes raisons, l'instant qui doit combler vos vœux et les miens.

ERNESTINE.

Je n'en puis supposer d'autres que votre volonté, mais elle me suffit.

EDOUARD, *avec emportement.*

Il est impossible qu'il y ait aucune bonne raison....

ERNESTINE, *l'interrompant.*

Mon ami !...

ARMAND.

C'est dommage que votre cousine vous ait interrompu, mon fils; vous alliez m'en fournir une.... Mais j'excuse votre emportement, et il devient pour moi un nouveau motif de vous confier à tous deux un secret qui vous forcera d'approuver ma conduite. Ernestine, j'ai pour vous le cœur d'un père, j'espère qu'un jour vous serez ma fille; mais vous n'êtes pas ma nièce.

EDOUARD, ERNESTINE.

Ciel !

ARMAND.

L'événement aussi malheureux qu'imprévu qui m'enleva mon frère, il y a quinze ans, m'obligea de me rendre à Paris; je vous trouvai chez lui, mais je ne pus me procurer d'autre éclaircissement sur votre compte qu'une lettre sans signature, qui m'apprenait que vous lui aviez été confiée dès le berceau; je crus devoir à sa mémoire de vous continuer les soins qu'il avait pris de votre enfance.

ERNESTINE.

Mais cette lettre....

ARMAND, *tirant sa montre.*

Il est dix heures, les devoirs de ma place m'appellent; dans un autre moment, je répondrai à toutes vos questions.... Consolez-vous, mes enfans; après tout, votre union n'est probablement que différée; car je vous promets d'y souscrire le jour où Ernestine aura ses vingt et un ans accomplis; jusques-là ma délicatesse et la loi s'y opposent.

EDOUARD.

La loi ! la loi !

A I R : *Jeunes amans, cueillez des fleurs.*

Dans vos lois que ne laissez-vous
Parler la nature elle-même :
Il suffirait, pour être époux,
Qu'il fût bien prouvé que l'on s'aime.
Si l'hymen acquittait ainsi
La foi que l'amour a donnée,
L'amour acquitterait aussi
Les promesses de l'hyménée.

ARMAND.

Je ne vois pas ce que votre position a de si cruel ; si
vous vous aimez bien véritablement, si trois années
passées ensemble ne changent rien à vos sentimens. . . . .

EDOUARD.

Quelle supposition ! . . . .

ERNESTINE.

J'oserais en répondre.

ARMAND.

Là, là, mes enfans !

A I R : *Ce fut par la faute du sort.*

De vrais amans, de vrais amis,
Ce siècle de fer est avare ;
C'est sur-tout dans votre Paris
Que ce phénomène est plus rare :
Sur un trait de fidélité,
J'interroge en vain ma mémoire.

Là, tenez,

Un pauvre chien seul est cité,
Et l'on conteste son histoire.

EDOUARD.

On ne contestera pas la nôtre.

ARMAND.

Apprenez, mes amis, que l'épreuve la plus dange-

reuse pour la plupart des amans, c'est de se voir trop
long-tems et de trop près.... L'amour se guérit souvent
comme la peur, il suffit d'approcher de l'objet. Je vous
laisse, et vais m'habiller pour l'audience.

SCÈNE III.

EDOUARD, ERNESTINE.

ERNESTINE.

EH bien! mes pressentimens m'ont-ils trompée! Ce
jour, au-lieu de serrer les liens les plus doux, vient
de rompre ceux du sang, qui paraissaient du moins nous
unir.... me voilà sans parens.

EDOUARD.

N'as-tu pas tous les miens? Va, ceux que donnent
l'amour et l'amitié valent bien ceux que donne la nature! D'ailleurs, les tiens te réclameront, sans doute,
quelque jour.

ERNESTINE.

Je l'espère.

EDOUARD.

Et moi je le crains; ils me voleront une part de ton
cœur.

ERNESTINE, *d'un air vivement affecté.*

Quelle situation est la mienne!

EDOUARD.

AIR: *Et du bien que l'on en dit.*

Sur ton destin pourquoi pleurer?
Console-toi, ma douce amie.

ERNESTINE.

Ah! mon cœur gémit d'ignorer

Ceux de qui j'ai reçu la vie !

EDOUARD.

Et si, rendus à tes transports,
Ils allaient me ravir leur fille !....

ERNESTINE.

Hélas ! je gémirais alors
D'avoir retrouvé ma famille.

EDOUARD.

Eh bien ! ne t'affliges donc avec moi que des trois siècles qui nous séparent encore du bonheur.

ERNESTINE.

Puisse au moins ce long délai ne pas produire sur vous l'effet dont nous a menacé votre père !

EDOUARD.

Voulez-vous aussi me tourmenter par des suppositions ridicules ? J'aurais bien plus de sujets de m'allarmer, moi qui n'ai que mon amour pour garant du tien.

ERNESTINE.

Je te connais bien d'autres titres à ma tendresse.

AIR : *Dans ces désertes campagnes.*

Un aimable caractère,
Des vertus, de la douceur,
Cet heureux talent de plaire
Dont la source est dans le cœur.

EDOUARD.

S'il est vrai que je possède ces bonnes qualités, je les dois à toi seule.

Le bien qu'en toi l'on admire
Jusqu'à moi s'est étendu.
L'aimant au fer qu'il attire
Communique sa vertu.

ARMAND, *qui entre.*

Retirez-vous, mes enfans, voici quelqu'un.

(*Ils sortent.*)

SCÈNE IV.

ARMAND, VALERE, CELIANTE.

CELIANTE.

L'AFFAIRE qui nous amène devant vous est bien simple. Jean Valere, ici présent, s'est obligé de me payer annuellement une rente de mille écus. Dix ans se sont écoulés sans qu'il ait rempli cet engagement ; je l'ai fait assigner pour qu'il eût à y satisfaire ; et sur son refus, je le cite à votre tribunal.

ARMAND, *à Valere.*

Qu'avez-vous à répondre ?

VALERE.

Que Céliante ne m'aime plus.

ARMAND.

Et que fait son amour à votre dette ?

VALERE.

Qu'elle produise son titre.

CELIANTE, *le donnant au Juge.*

Le voici.

ARMAND *lit.*

AIR: *Des Folies d'Espagne.*

Je soussigné, promets à Céliante,
Dont les attraits peuvent seuls me charmer,
De lui payer trois mille francs de rente,
Aussi long-tems qu'elle pourra m'aimer.

(*A part.*) Voilà bien le plus drôle de billet dont on se soit avisé depuis celui de la Châtre !

VALERE.

Aussi long-tems qu'elle pourra m'aimer! Cet article est
de rigueur, et madame, qui vient de perdre l'époux
qu'elle m'avait préféré, sait bien que cette clause n'a pas
été remplie.

CÉLIANTE.

Cela ne prouve rien; mon assignation répond à tout.

ARMAND.

Voyons. (*Il prend l'assignation des mains de Valère.*)

AIR: *Des cinq voyelles.*

Vu le billet, clair, net et positif,
Remis aux mains de moi Poussif,
Huissier expéditif,
Cejourd'hui quatre frimaire,
Ai remis à Jean Valere
L'ordre impératif
De me payer sans nul diminutif,
En argent effectif,
Le prix définitif
De dix ans d'amour excessif,
Dont suit l'aveu naïf.

Voici l'aveu naïf.

AIR: *Du haut en-bas.*

Comme aujourd'hui,
J'ai constamment aimé Valère,
Comme aujourd'hui,
Mon cœur n'a brûlé que pour lui,
Et je signe l'aveu sincère
Que toujours il saura me plaire
Comme aujourd'hui.

(*En parlant.*) Signé *Céliante, veuve Courval.* Le titre
de madame est parfaitement en règle.

VALERE.

Là, de bonne foi, est-ce que vous m'aimez?

CÉLIANTE.

Très-certainement; sans cela, quel intérêt aurais-je...

ARMAND.

Celui qui vous amène ici, par exemple.

VALERE.

Et c'est après dix ans d'oubli que vous venez me parler de votre amour? Je vois ce que c'est; vous aviez égaré mes titres à votre tendresse.

CELIANTE.

J'ai dû me taire aussi long-tems que le devoir m'en fit la loi ; et puis tant de femmes disent qu'elles aiment sans aimer, qu'il peut bien s'en rencontrer une qui aime sans le dire.

VALERE.

Regardez-moi bien ; depuis dix ans, je suis un peu changé, je vous en avertis.

AIR : *Oui, monsieur le Bailli.*

J'approche de soixante.

CELIANTE.

Je vous aime toujours.

VALERE.

La goutte me tourmente.

CELIANTE.

Je vous aime toujours.

VALERE.

Mais il est manifeste.....

CELIANTE.

Je vous aime toujours.

VALERE

Que moi je vous déteste.

CELIANTE.

Je vous aime toujours.

VALERE.

Puisque vous avez la rage de m'aimer, composons un peu.

AIR : *De la Soirée orageuse.*

De l'amour pour trois mille francs,
C'est trop pour moi, sans modestie;
Il faut, dans l'hiver de ses ans,
Aimer avec économie.
Ne pourrait-on pas s'abonner?
Trop de tendresse m'épouvante;
Ah! tâchez de ne m'en donner
Que pour six cents livres de rente!

CELIANTE.

Que cette plaisanterie est de mauvaise grace, quand
je proteste, quand je jure que je vous aime!

ARMAND.

Le serment, dans cette affaire-ci, ne ferait point
preuve légale.

AIR: *Non, non, Doris.*

C'est un point de fait et de droit,
L'amour est menteur par systême;
Plus il jure, moins on le croit,
Moins il veut être cru lui-même.
Quand il vient prêter un serment,
Thémis lui dit, avec malice,
Les témoignages d'un enfant
Ne sont pas admis en justice.

VALERE.

Au surplus, pour des effets de cette nature, il y a
prescription après dix ans et même plutôt.

AIR : *Du Vaudev. de l'Isle des Femmes.*

Des billets tirés par l'Amour,
Le desir seul est responsable,
Et tout est perdu sans retour
Quand l'endosseur est insolvable.
Toujours, on l'a dû remarquer,
Ils s'entraînent dans leur déroute;
Quand le desir vient à manquer,
Le pauvre amour fait banqueroute.

CELIANTE.

Chez les hommes cela peut être vrai; mais nous!...

AIR: *Chantez, dansez.*

Il est des femmes, croyez-moi,
Dont le tems n'éteint pas la flâme ;
Le premier qui reçut leur foi
A le dernier vœu de leur âme.
Ce modèle vous l'avez vu,
Il ne vous est que trop connu.

VALÈRE.

A moi !... connu !

Mon père m'a parlé souvent
D'une femme dont la tendresse
Se contenta d'un seul amant,
Qui fut l'ami de sa vieillesse.
Ce phénix, mon père l'a vu,
Moi, je ne l'ai jamais connu.

ARMAND.

(*bas à Céliante :*) Ecoutez ; puisqu'il est vrai que vous l'aimez, vous allez être satisfaite. (*bas à Valere :*) Ne me démentez pas. (*haut.*) Je vois un moyen de vous concilier : l'engagement que l'on produit ici n'est au au fond qu'une espèce de contrat de mariage rédigé d'une manière un peu vague : vous êtes libres tous deux ; que l'hymen acquitte la dette de l'amour.

CELIANTE.

J'y consens, et ma main est à lui....

ARMAND.

Cette preuve d'amour n'est plus équivoque ; car la femme jeune encore et jolie, qui consent à partager le sort d'un vieillard dont la fortune est aussi publique- ment renversée, ne peut être déterminée que par un attachement très-vrai.

CELIANTE, *d'un air troublé.*

Serait-il ruiné !....

VALERE.

Ce noble désintéressement vous rend tous vos droits sur mon cœur, et je vais de ce pas....

CELIANTE,

CELIANTE, *hésitant, l'arrête.*

Quoique veuve.... je ne suis pourtant pas tellement maîtresse de mes actions.... que je ne doive consulter sur une affaire de cette importance.

ARMAND.

Epargnez-vous cette peine ; vous êtes jugée.

AIR : *Vaudev. d'Abuzar.*

D'un ami l'on peut hésiter
A partager le sort prospère ;
Mais rien ne doit vous arrêter
S'il faut partager sa misère.
Aux gens heureux être lié ,
D'amour ce n'est point faire preuve ;
En amour , comme en amitié ,
L'infortune est la grande épreuve.

Valère , vous n'êtes point aimé , voilà votre billet ; et vous , Madame , voilà votre aveu naïf.

CELIANTE, *s'en allant.*

Vous pouvez déchirer le tout ensemble.

SCÈNE V.

ARMAND, VALERE.

VALERE.

JE vous remercie de m'avoir ruiné pour un moment.

ARMAND.

Vous voilà tiré d'affaire ; que celle-ci vous serve de leçon.

VALERE.

Je n'en ai plus besoin ; l'âge est la meilleure de toutes.

B

AIR : *Du petit Matelot.*

Séduit par gentille maîtresse,
Quand on cherche un tendre retour,
On donnerait dans sa jeunesse,
Tous les écus pour de l'amour.
L'âge dissipe cette ivresse,
Et m'en voilà bien convaincu ;
On donnerait dans la vieillesse,
Tous les amours pour un écu.

Je vous salue et vous remercie. (*Il sort.*)

ARMAND, *seul.*

Si l'on parvient jamais à bannir de ce monde l'amour
et l'intérêt, il ne s'y fera plus ni folie, ni bassesse.

SCÈNE VI.

ARMAND, BIZARINI.

BIZARINI.

BACCIO le mari à Vosignoria.

ARMAND.

A qui ai-je l'honneur de parler ?

BIZARINI.

Al primier homine del mondo dans la parte des
découvertes il signor Bizarini.

ARMAND.

En quoi puis-je vous être utile ?

BIZARINI.

J'y viens per vi porter plainte d'un larcin manifeste ;
on m'a pris.....

ARMAND.

De l'or, des bijoux?

BIZARINI.

Une idéa, signor mio, une idéa.

ARMAND.

Il est probable que c'est une grande perte pour vous; mais je vous observerai qu'il n'y a point encore de loi contre ce genre de vol, d'ailleurs très-commun de nos jours.

BIZARINI.

Dunque, c'est un projet di piu qu'il faudra qu'on me doive.

ARMAND.

Vous mêlez-vous donc aussi de jurisprudence?

BIZARINI.

Di tutto, signor, di tutto. Perchè perquoi je tiens un assortiment général de plans, di projetti d'intra-prises, de découvertes dans tous les genres.

ARMAND.

Seriez-vous l'inventeur de la pompe à feu, des aérostats, des télégraphes?

BIZARINI.

Pura bagatella! Qualque j'ai invento est bien pire per vi donner qualche idéa entre mille. J'ai trovato le moyen di fare grimper la mer al sommet di piu hautes montagnes.

ARMAND.

Diable! on pourrait tirer un grand parti de cela!

BIZARINI.

Tale, che j'ai proposé de sommerger tutta l'Europe à jour fixe.

ARMAND.

Jolie proposition, en vérité !.... Et l'on n'a point accueilli ce projet !

BIZARINI.

Le Ministre a refusé, faute de pecunia, ma subito ; je loui ai proposé de fornir tutto l'argent nécessaire.

ARMAND.

Au moyen de....

BIZARINI.

Per le mezzo d'un petit imposto de mon invenzione, tout homme di spirito devra pagare un écu d'argent.

ARMAND.

Cette taxe n'aurait pas rapporté grand'chose.

BIZARINI.

Cospetto ! che dites - vous ? Le perceptor il serait l'amor proprio !

AIR : *Mon honneur dit.*

Vi voyez bien sans che je vi le dise,
Ce che mon plan a de particulier ;
Per vitare il soupcon di bêtise,
Chacun si fut empressé di payer.
Lo croirez-voi ? Cet impôt salutaire,
J'eus la dolor de le voir rejetter.

ARMAND.

C'est malheureux ; car pour votre salaire,
Vous auriez pu vous en faire exempter.

Mais, plaisanterie à part, vous donnez là dans un genre de spéculations qui doit être très-peu lucratif.

BIZARINI.

L'ho veduto, et j'ai changé di batteria.

AIR : *On compterait les diamans.*

Il mérite expire sovent ,
En luttant contre l'indigence ,
Per faire croître le talent ,
Il faut semer la récompense.
Quand il en est au fond del sacco ,
L'homme d'esprit n'est qu'una bête ,
Et chi n'a rien dans l'estomacco ,
N'a pas grand cosa dans la tête.

Dunque , ne trovant pas de quoi vivere avec l'immortalita , je me suis mis aux gages della mode.

ARMAND.

Du moins celle-ci paye comptant.

BIZARINI.

Je fornis seul aljourd'hui dans questa capitale , tutta les idées di feste , di curiosita , de divertissemens qualconques , sè vi non y trovate le nom de *Bizarini sempre* , vi devez y trovar son cachet.... Questa testa est una mine.

ARMAND, *à part.*

Et une drôle de mine !

BIZARINI.

C'est à moi che le parisiani , devront l'avantague di prendre à *Bellevue* les eaux de Spa , les douges de Plombières , les boues de Saint-Amand.

ARMAND.

Quoi , vraiment ! quelle plaisanterie !

BIZARINI.

Et dunque , vous n'avez pas là il mio *prospectus* sur papier rouge.

ARMAND.

Non , d'honneur.

B 3

BIZARINI.

Oh per dio ! Lisez-moi cela , c'est qualque cose di bellissimo , je suis connu per le *prospectus*. Demandez à tout le monde.

AIR: *Mon bon André.*

Lorsque je médite une affaire ,
Per six francs d'abord je fais faire ,
Par qualque phraseur mercenaire ,
Un long et brillant *prospectus.*
Je n'y manque jamais de dire :
(Au risque de faire un peu rire ,)
Que beaux-arts , talens et vertus ,
Par moi vont faire un pas de plus.
Mon but est de plaire et d'instruire ;
L'argent pour moi n'a pas d'appas ;
Et de l'honnor seul je fais cas ,
Pourvu que je n'y perde pas.

ARMAND.

Mais vos brillans *prospectus* ne tiennent pas toujours parole.

BIZARINI.

Ah ! nous avons le chapitre des accidens.

AIR: *Quoi ! ma voisine.*

J'avais promis qu'à Bella-vue
On me verrait ,
Au grand galop fendre la nue
Sur mon criquet.
Un accident que je supprime ,
Bornant mon vol ,
Arrêta mon essor sublime
A l'entresol.

Ma le mondo n'a rien perduto par attendre ; je suis *têtu* , et j'ai pris ma revanche.

ARMAND.

Vous n'avez pas dû manquer de besogne cette année.

BIZARINI.

Qualque j'ai faite est incrédibile.

AIR : *Finette est propriétaire.*

J'ai du haut de l'empyrée
Fait retomber Phaéton ;
J'ai fait redescendre Orphée
Au noir palais de Pluton.
Le carnaval de Venise
Par moi se retrouve ici ;
Mon talent le naturalise :
Et c'est à moi, Bizarini,
    Que Frascati,
    Ruggieri,
    Tivoli,
    Veloni,
    Tortoni
    Et Garchi,
Ont dû leur entreprise.

Ma cet hyver ne sera pas moins fertile, et j'ai commencé déjà par un superbe établissement ; c'est une école de mœurs : je vous invite à y venir avec vos enfans.

ARMAND.

Où la tenez-vous ?

BIZARINI.

Au bal....

ARMAND.

Merci : je puis former leurs mœurs ici sans rigaudon, ni cabrioles. Serait-ce là par hasard l'idée lumineuse que l'on vous a volée ?

BIZARINI.

No, signor ; il est question d'un théâtre amphibie, ou se lo volate d'un théâtre sur la rivière ; toutes mes loges étaient autant de baignoires ; ce qui donnait al spectator duo plaisirs ensemble, ... et des actors

B 4

excellens! .... On peut bien dire que ceux-là étaient placés sur la *Seine.*

ARMAND.

C'est un avantage qui manque à beaucoup d'autres. Mais cette salle aussi devait avoir des inconvéniens?

BIZARINI.

Qualques-uns, per esempio, alla prima representatione de *Zaïre*, *Orosmane* eut le malhor de se noyer dans la coulisse.... Ma j'avrais remediato à toutto, et se la barca eut été bien condotta, securo, quel théâtre devait surnager.

ARMAND.

Qu'est-il devenu?

BIZARINI.

Il était à l'ancre devant le Gros-Caillou, pendant une représentatione. La riviera il déborda, elle emporta la salla, et la catastropha della pièce se fit aux filets de Saint-Cloud.

ARMAND.

Bref! l'entreprise est à veau-l'eau, et je vous invite à laisser en paix celui qui vous l'a volée, et à vous rappeller le proverbe, *qui trop embrasse, mal étreint.*

BIZARINI.

Questa parola est pleine de lumière, et je veux en faire un proverbe à grand spectacle. Adio, signor Judice, adio.

SCÈNE VII.

ARMAND, *seul.*

IL est écrit que je ne verrai que des originaux aujourd'hui ; .... du moins la folie de celui-ci n'est préjudiciable qu'à lui-même. Il y en a tant d'autres....

SCÈNE VIII.

UN AUTEUR, UN FOURNISSEUR, ARMAND.

LE FOURNISSEUR.

AIR : *Que fit ensuite le tems.*

JE viens devant vous
Citer un auteur téméraire,
Médisant, jaloux,
Insolent, comme ils le sont tous.

ARMAND.

Citoyen, dites-moi votre affaire,
Mais point de colère.

LE FOURNISSEUR.

Pour venir au fait,
Ce rimailleur atrabilaire,
A, dans maint couplet,
Au public offert mon portrait.

ARMAND.

Qui êtes-vous ?

LE FOURNISSEUR.

Blondel le jeune, entrepreneur de....

L'AUTEUR.

De fournitures : allons un peu de courage.

ARMAND.

Et vous vous plaignez ?....

LE FOURNISSEUR.

D'avoir été insulté nominativement.

L'AUTEUR.

AIR : *Ton humeur est, Catherine.*

Dans le courroux qui l'anime,
Du fait il s'écarte un peu ;
Je ne l'ai pas mis en rime,
Mal-à-propos il prend feu.
Dans ce portrait qui le blesse,
Pourquoi s'est-il reconnu ;
Je n'en voulais qu'à l'espèce,
Et point à l'individu.

LE FOURNISSEUR.

Laissez donc, vous me prenez pour un sot apparemment.

L'AUTEUR.

Vous avez la fureur de vous reconnaître par-tout ; ce n'est pas ma faute.

LE FOURNISSEUR.

Vous allez voir que quand on fait le signalement des gens, ce n'est pas comme si on les nommait.

L'AUTEUR.

Il y a des traits si communs, qu'ils appartiennent à tout le monde.

LE FOURNISSEUR, *à Armand.*

Citoyen, je vous fais juge....

L'AUTEUR, *l'interrompant.*

Il l'est déjà.

LE FOURNISSEUR, *impatienté.*

Laissez-moi donc parler ; si vous voulez toujours faire de l'esprit, je ne pourrai pas répondre.

L'AUTEUR.

Ah ! c'est vrai.

ARMAND.

Voyons, de quoi s'agit-il ?

LE FOURNISSEUR.

Il s'agit que je trouve très-mauvais de ne pouvoir plus passer sur le Pont-neuf sans entendre chanter....

L'AUTEUR.

Vous n'aimez donc pas la musique ?

LE FOURNISSEUR.

Je n'aime point la mauvaise musique, les méchans couplets, les méchans auteurs.

L'AUTEUR.

Savez-vous bien que vous devenez méchant vous-même ?

ARMAND.

Voyons les couplets.

LE FOURNISSEUR.

Les voici : je vais vous les lire, car c'est un air si plat, si commun....

L'AUTEUR.

C'est à vous de nous chanter ça.

LE FOURNISSEUR.

Je ne le sais pas.

L'AUTEUR.

C'est étonnant ! mais donnez, je le saurai peut-être. (*Il prend les couplets, et les regarde en riant.*) C'est pour cela que vous m'amenez ici ? J'ai bien traduit un fournisseur sur la scène ; mais jamais sur les quais : ce sont là des couplets de Pont-neuf.

ARMAND.

Voyons toujours.

L'AUTEUR.

AIR : *De cadet Roussel.*

Cadet Roudel était barbier, } *bis.*
C'était là son premier métier.
Cadet Roudel dans la misère
Modestement rasait la terre.
　Un vol audacieux
Fait qu'il *rase* à présent les cieux.

Gagnant tous les jours du terrein,
Cadet Roudel fait son chemin,
Et tout Paris, un beau matin,
Voit se décrasser mon vilain.
Bien aisément la chose est faite,
Lorsque l'on tient la savonnette.
　Le voilà fournisseur,
Cadet *frise* le grand seigneur.

LE FOURNISSEUR, *au Juge.*

Un vol, citoyen, un vol ; vous l'entendez.

L'AUTEUR.

Oui, un vol en l'air.

ARMAND.

Mais en quoi donc êtes-vous désigné dans ces couplets ?

LE FOURNISSEUR.

Il le sait bien, lui, qui, dans une mauvaise pièce, m'a déjà fait faire mes premières armes avec un rasoir, parce qu'effectivement dans ma jeunesse, j'ai fait par-ci par-là quelques barbes d'amitié.

L'AUTEUR.

Il n'y a pas le moindre mal à cela : puisque la

nature veut qu'on ait de la barbe, et que l'usage veut qu'on la coupe, autant vaut que ce soit vous qu'un autre, dès que vous avez la main légère.

LE FOURNISSEUR.

Eh bien, laissons ces couplets, puisque je ne puis prouver qu'ils soient de vous ; mais vous ne nierez pas aussi facilement la pièce donnée sous votre nom, où vous avez à peine déguisé le mien, et dont je me rappelle entr'autres ce méchant couplet.

AIR : *Des Trembleurs.*

Ce Roudel né sur la paille,
Fut d'abord l'homme de paille
D'un gros fournisseur de paille
Qui gardait l'incognito.
Il s'est engraissé de paille,
Il ne fait qu'un feu de paille,
Et finira sur la paille
Qui lui servit de berceau.

ARMAND.

Il n'y a pas là de quoi fonder une plainte particulière : ces plaisanteries portent beaucoup plus sur l'état que sur la personne.

LE FOURNISSEUR.

Eh bien, dans ce cas, je me plains au nom de tous mes confrères.

L'AUTEUR.

Ah ! vous êtes l'orateur de la troupe ?

LE FOURNISSEUR.

Il n'est pas question de troupe.

L'AUTEUR.

Aimeriez-vous mieux que j'eusse dit de la bande ? Il y a bien le mot *compagnie* ; mais il ne va guères sans épithète, et je n'oserais pas y mettre *la bonne*.

LE FOURNISSEUR.

Du haut de leur grenier qu'ils appellent *un parnasse*, ces messieurs ne cessent de faire pleuvoir sur nous une grêle d'épigrammes. Il n'y a pas un théâtre, depuis le plus grand jusqu'au plus petit, où chaque jour nous ne fournissions à rire.

L'AUTEUR.

Et c'est ce que vous fournissez le mieux. Mais après tout, pourquoi ne ririons-nous pas à vos dépens, vous vivez bien aux nôtres?

LE FOURNISSEUR.

AIR : *Des simples jeux.*

Au théâtre on voit à la file
Des fournisseurs de tout côté;
On en a mis au Vaudeville,
A l'Odéon, à la Cité ;
Et puis au Théâtre lyrique ,
Aux grands et petits Opéras,
Par-tout.... même à la République.

L'AUTEUR.

C'est bien là qu'il n'en faudrait pas.

LE FOURNISSEUR.

S'ils ont quelque grosse balourdise à débiter , n'ayez pas peur qu'ils la mettent ailleurs que dans notre bouche.

L'AUTEUR.

Au théâtre, il faut observer les vraisemblances.

LE FOURNISSEUR.

Leur grand cheval de bataille, c'est que nous avons fait fortune avec rien.... C'est une absurdité; moi, par exemple.

AIR : *De la parole.*

Vous dites que je n'avais rien
Quand j'ai commencé le service;

Mais répondez-moi, citoyen :
Quelque chose que l'on fournisse,
Ne devez-vous pas concevoir
Qu'il faut les avoir possédées !

L'AUTEUR.

C'est spécieux ce que vous dites là ; mais cela ne prouve rien du tout.

Puisqu'au théâtre on a pu voir
Que vous, Monsieur, sans en avoir,
Vous m'avez *fourni* des idées.

LE FOURNISSEUR, *au Juge.*

Vous l'entendez, citoyen, je suis une bête.....c'est par-tout de même. L'un nous dit que nous ne savons pas lire ; l'autre, qu'il ne faut peindre chez nous qu'en détrempe ; l'autre, qu'il nous arrive souvent, par réminiscence, de monter derrière le carrosse, au-lieu d'entrer dedans. Cela ne finit pas.....

ARMAND.

Il faut parler pour tout le monde. Je suis bien un peu las, comme le public, de cette nuée de brocards dont on vous accable, et il me serait facile de prouver au citoyen que la classe honnête des fournisseurs, (car il en est de cette espèce)....

LE FOURNISSEUR.

Et j'en suis, moi, de l'espèce.

ARMAND.

Peut justifier son opulence. Le bénéfice le plus modeste ne peut manquer, en se multipliant, d'amener rapidement une grande fortune acquise d'une manière très-loyale.

LE FOURNISSEUR.

Et voilà justement comme j'ai fait la mienne.

L'AUTEUR.

Remarquez que le juge parle en faveur des exceptions, et que vous êtes en règle.

LE FOURNISSEUR.

Je m'en flatte.

ARMAND, *au Fournisseur.*

Savez-vous ce que je vous conseille? il a fait une pièce contre les fournisseurs; faites, ou commandez-en une contre les auteurs dramatiques; le sujet n'est pas moins fécond; car, à tout prendre, la cour d'Apollon ne vaut peut-être pas mieux que celle de Plutus.

LE FOURNISSEUR.

Attrape.

ARMAND.

AIR : *J'ai vu par-tout dans mes voyages.*

Pauvres d'esprit, riches d'audace,
Sans talens, comme sans vertus,
On voit des fripons au Parnasse,
Ainsi qu'on en voit chez Plutus.
Mais le mal-adroit plagiaire,
De même que tel parvenu,
En dépit de ce qu'il peut faire.
N'a l'air que d'un gueux revêtu.

LE FOURNISSEUR.

C'est mot à mot ce que je voulais dire.

L'AUTEUR.

Vous voulez donc quelquefois dire quelque chose? (*à Armand :*) Au reste, vous devez savoir, citoyen, que les ridicules et les vices sont le patrimoine des enfans de Thalie.

ARMAND.

Sans doute, et je ne prétends pas le leur ravir; mais
je

je voudrais qu'ils fissent des tableaux, au-lieu de por-
traits.

AIR : *D'l'instant qu'on nous mit en ménage.*

Qu'un bon cœur même puisse rire
De ceux qu'il entend critiquer ;
Tel est le but de la satyre :
Passer outre, c'est le manquer.
En frappant la saine critique,
Sans déchirer se fait sentir,
Et le coup de fouet qu'elle applique
Rougit l'endroit, sans le noircir.

LE FOURNISSEUR, *au Juge.*

Quelle est votre décision dans cette affaire ?

ARMAND.

Je n'ai que des conseils à vous donner à tous deux,
et les voici.

AIR : *Femmes, voulez-vous éprouver.*

On fut jaloux dans tous les tems
De la richesse et du génie,
Et la haine, chez bien des gens,
Marche à la suite de l'envie.
Quand vos talens, votre crédit,
S'afficheront par l'insolence,
On détestera votre esprit,
On maudira votre opulence.

Que l'or qui vous fait des jaloux
Serve à soulager la misère ;
Que votre esprit rendu plus doux,
Ou nous amuse, ou nous éclaire.
Quand vos talens, votre crédit
Se voueront à la bienfaisance,
On applaudira votre esprit,
On bénira votre opulence.

L'AUTEUR.

La leçon ne sera pas perdue.... Sans rancune,
mon cher fournisseur. Si vous voulez un billet de pre-

C

mières pour ce soir , je donne, au Vaudeville, une pièce nouvelle, et vous pourrez prendre votre revanche.

LE FOURNISSEUR.

Puisque nous faisons la paix, je vais décommander une petite fourniture de clefs forées qui vous atten-daient au parterre. (*Ils sortent.*)

SCÈNE IX.

ARMAND, *seul.*

QUAND la société cessera-t-elle d'offrir l'aspect d'un champ de bataille, où les partis en présence ne s'ob-servent que pour se nuire !... Voici, sans doute, quel-qu'autre exemple à l'appui de cette observation.

SCÈNE X.

ARMAND, DUJARDIN, UN MEDECIN.

DUJARDIN, *dans le fond.*

JE n'admets point d'excuses ; vous le trouverez, ou vous direz pourquoi.

LE DOCTEUR.

Mais il y a une heure que je vous le dis pour-quoi ; c'est que c'est impossible.

DUJARDIN.

Belle raison ! (*à Armand.*) Serviteur, citoyen Juge ;

j'amène devant vous ce médecin, pour qu'il ait à me restituer un dépôt précieux.

ARMAND.

De quelle nature ?

DUJARDIN.

De nature humaine : c'est un enfant.

ARMAND, au Docteur.

Et vous ne voulez pas le rendre ?

LE DOCTEUR.

J'ai plusieurs raisons pour cela : la première, c'est qu'il y a dix-huit ans qu'il est mort.

DUJARDIN.

On sait bien que vous tuez les gens fort à votre aise, vous autres docteurs ; mais je veux qu'on me prouve que le dernier rejetton des Dujardins n'existe plus.

LE DOCTEUR.

Je vous ai dit tout ce que j'en sais.

ARMAND.

Que signifie tout ce verbiage ?

LE DOCTEUR.

Deux mots vont vous mettre au fait.

AIR : *Un beau matin.*

Un beau matin,
Nicolas-François Dujardin,
Chez moi le trois juin,
En mil sept cent quatre-vingt,
Vint.
Implorant mon appui,
Il m'entraîne à l'instant avec lui
Dans un obscur séjour
Où naissait une sœur à l'amour.

C 2

Sous le secret ,
On me remet
L'enfant
Naissant.
Vous savez le fait ,
Et comme il s'est
En effet
Fait.

ARMAND.

Cela ne dit pas ce qu'est devenu l'enfant !

DUJARDIN.

Et voilà justement ce que mon cœur lui demande.
Protégez-moi , secourez-moi , citoyen Juge ; écoutez
les cris d'un père malheureux.

LE DOCTEUR.

Les cris d'un père n'avanceront rien ; souffrez que
j'instruise celui que vous venez consulter. N'étiez-vous
pas marié secrètement

DUJARDIN.

Oui, à très-haute et très-puissante dame Olympe....

LE DOCTEUR.

Sa hauteur et son embonpoint ne font rien à la chose.
Obligé de cacher à tous les yeux votre enfant , ne me
priâtes-vous pas de le placer dans la famille qui l'a-
dopta ?

DUJARDIN.

Il est trop vrai, la persécution....

LE DOCTEUR.

Ne saviez-vous pas le nom et la demeure !

DUJARDIN.

J'en conviens, mais....

LE DOCTEUR.

Eh bien, que me demandez-vous? était-ce à moi à veiller sur votre fille?

ARMAND.

En effet, quel obstacle a pu vous en empêcher?

DUJARDIN.

Les aventures les plus inouies.... Je vais vous conter cela; il y a eu trente ans le vingt-un du mois dernier...

LE DOCTEUR.

C'est une histoire merveilleuse et lamentable; mais vous savez bien que vous ne pouvez pas venir à bout de la raconter toute entière dans un jour, et que vous avez l'habitude de vous trouver mal à la fin. Ainsi croyez-moi, passez à la perte de l'enfant.

DUJARDIN.

Vous saurez donc qu'après dix-huit ans d'absence et de malheurs, quand j'arrive, le cœur palpitant et les bras ouverts, pour presser ma fille chérie sur mon sein paternel.... J'apprends.... qu'elle est perdue; mettez-vous à ma place.

ARMAND.

Le mal n'est peut-être pas sans remède?

DUJARDIN.

Sans remède, je le sens bien.

AIR: *A cet arrêt devions-nous nous attendre.*

Quand, par malheur, dans la verte jeunesse,
On nous ravit un enfant adoré;
L'espoir du moins charme notre tristesse,
Cet accident peut être réparé.

Mais à mon âge il est irréparable;
Je le sens trop, mes vœux sont superflus:
Quand il vieillit, d'une perte semblable,
L'amour, hélas! ne se relève plus.

C 3

LE DOCTEUR.

Si c'est-là votre plus grand chagrin, consolez-vous.

AIR : *D'Arlequin afficheur.*

Nous pouvions encor devenir,
Vous et moi, père de famille,
Pourvu que nous sachions choisir
Une épouse jeune et gentille.
Maint exemple prouve en tous lieux,
Qu'à tout âge on peut être père ;
On sait que Vulcain était vieux
Quand Vénus devint mère.

ARMAND.

Finalement, à qui cet enfant avait-il été confié.

LE DOCTEUR.

A quelqu'un de chez qui nous sortons ; mais comme il s'est passé bien des choses depuis quinze ans, il ne reste plus que la maison : tous ceux qui l'habitaient, et l'enfant avec, ont disparu ou sont morts.

ARMAND, *d'un air de réflexion.*

Comment nommiez-vous le chef de cette famille ?

DUJARDIN.

Préval, le banquier.

ARMAND, *avec un grand étonnement.*

Vous le connaissez ?

LE DOCTEUR.

Si je le connais ! Quand il a disparu, il me devait encore la mort de son père.

ARMAND.

Quel étrange hasard ! Et la petite, comment l'aviez-vous nommée.

DUJARDIN.

Ernestine.

ARMAND.

Pour le coup, voilà bien un autre incident à ajouter
à votre histoire.

DUJARDIN.

Sauriez-vous quelque chose....

ARMAND.

Je me flatte qu'aucun juge au monde ne pouvait
mieux terminer votre affaire. Ce Préval était mon frère,
et votre Ernestine est chez moi.

DUJARDIN, *avec une explosion comique.*

Ciel! que dites-vous? ma fille!.... Que je la voye,
que je l'embrasse!

LE DOCTEUR.

Doucement, M. Dujardin, les émotions violentes
sont dangereuses. Comme ceci a tout l'air d'un dénoue-
ment de comédie, je suis d'avis que nous filions la
reconnaissance. Comment la voulez-vous? comme dans
nos drames modernes?....

DUJARDIN.

Comme dans la nature.

LE DOCTEUR.

C'est tout différent.

ARMAND.

Dans ce cas, (*il sonne.*) faites descendre Ernestine
et mon fils : je les demande ensemble ; car il est bon
que vous sachiez qu'ils s'aiment, et qu'ils n'attendaient
plus que vous pour s'unir.

LE DOCTEUR.

Ils ont couru le risque de l'attendre long-tems....

C'est bien le cas de faire une expérience sur la voix du sang ; ne disons pas à votre fille qui de nous deux est son père.

DUJARDIN.

Volontiers.

SCÈNE XI et dernière.

Les MÊMES, ERNESTINE.

DUJARDIN, *court à sa fille, qui recule de sa surprise.*

O ma fille ! viens dans les bras d'un père.

ERNESTINE.

Mon père ! se pourrait-il ? (*Elle l'embrasse.*)

ARMAND.

Rien n'est plus vrai ; le ciel le rend à vos vœux.

LE DOCTEUR, à *Dujardin.*

Avec vos explosions de sentiment, vous avez dérangé toute mon expérience. Que diable, ne pouviez-vous attendre que le sang vous reconnût !

DUJARDIN.

J'aurais trop souffert s'il s'y était mépris.

LE DOCTEUR.

Cela peut encore arriver.

ERNESTINE.

Au plaisir que j'éprouve, je sens bien que mon cœur ne pouvait s'y tromper.

LE DOCTEUR.

Ah ! sûrement ; mais il n'y a toujours pas de mal à aider un peu la nature.

AIR : *Dans cette retraite à quinze ans.*

Chez nos pères la voix du sang
Jamais, dit-on, n'était muette,
Mais cette voix toujours parlant,
Devint quelquefois indiscrette.
La nature a depuis long-tems
Senti le besoin du mystère ;
Et pour le repos des parens,
Chez nous le sang veut bien se taire.

(*Edouard entre.*)

ARMAND, *à Dujardin.*

Voilà mon fils.

ERNESTINE, *à Edouard.*

Félicitez-moi, mon cousin, j'ai retrouvé mon père.

EDOUARD.

Quel bonheur inespéré !....

ARMAND, *à Dujardin.*

J'ai tenu lieu de père à votre fille, et j'ai lieu d'espérer, lorsque vous nous connaîtrez mieux, que vous ne contrarierez pas le penchant que nos enfans ont l'un pour l'autre.

DUJARDIN.

Disposez d'elle, de moi, et même de ma fortune.

EDOUARD.

O ma chère Ernestine ! que nous étions loin ce matin de prévoir le bonheur qui nous attendait ! Nos trois années d'épreuves sont écoulées.

ERNESTINE.

Il nous reste à subir celle du bonheur.

VAUDEVILLE.

ARMAND.

Air : *De la Soirée orageuse.*

Pour un ju-ge, quel beau mo-ment ! Une fois en-fin

dans ma vi――e, J'ai su porter un ju-ge-ment Qui sa-tis-

fait chaque par-ti――――e. Chez moi, si tous les diffé-rens

Se terminaient comme les vô―――tres, De moi tous les plai-

deurs contens N'en appelleraient pas à d'au―――tres, De moi

tous les plai-deurs con-tens N'en appelle-raient pas à d'au-

tres.

DUJARDIN.

J'ai desiré la mort souvent,
Privé d'une fille chérie :
Un reste d'espoir cependant

M'attachait encore à la vie.
L'homme, pour porter la douleur,
Du iel reçut la patience ;
Et condamné par le malheur,
Il en appelle à l'espérance.

EDOUARD.

Souvent la sévère raison
Cite l'amour à l'audience ;
Mais il se moque, le fripon,
Et du juge et de la sentence.
Pour ne rien perdre de ses droits,
Il s'établit juge suprême,
Condamnée par toutes les loix,
L'amour en appelle à lui-même.

LE DOCTEUR.

Depuis qu'on nous vit insulter
En plein théâtre par Molière,
On a cessé de respecter
Un art sublime et nécessaire.
On voit des malades mutins,
Dont la mort était chose sûre,
Condamnés par vingt médecins
En appeller à la nature.

ERNESTINE, *au Public.*

Quand Thémis, à son tribunal,
Prononce un jugement sévère,
Condamné par l'arrêt fatal,
Le plaideur ne peut s'y soustraire.
Mais jugé par vous, un auteur
Conserve toujours l'espérance ;
Et condamné par la rigueur,
Il en appelle à l'indulgence.

FIN.

A PARIS, de l'Imprim. rue des Droits-de-l'Homme, n°. 44.

www.ingramcontent.com/pod-product-compliance
Lightning Source LLC
LaVergne TN
LVHW022205080426
835511LV00008B/1592